Ri-
Ra-
Rutsch

Mein Silbenheft

Ich kann Silben erkennen, lesen und schreiben

chubi®

estermann®

Ich kann Silbenbögen zeichnen (Seite 1-19)

SUPER! Du hast deine Lernziele erreicht!

Ich kann ein Wort in Silben aufschreiben (Seite 44-54)

Ich kann die erste Silbe zuordnen (Seite 20-28)

Ich kann Vokale hören und in Silbenbögen aufschreiben (Seite 29-36)

Ich kann erste Silben erkennen und schreiben (Seite 37-43)

Liebes Schulkind!

In diesem Heft lernst du, deutlich zu sprechen und die Wörter in Silben zu schreiben.

Mit den Lernbeweisen zeigst du, was du schon alles kannst. Wenn du übst und einen Lernbeweis geschafft hast, darfst du auf der Sternenseite auf der linken Seite den passenden Stern anmalen.

Hast du das Lernheft bearbeitet und alle Sterne angemalt, unterschreibt dir deine Lehrerin oder dein Lehrer die Urkunde.

Die Urkunde bestätigt, dass du das Ziel „Ich kann Silben erkennen, lesen und schreiben" erreicht hast. Du darfst sie ausschneiden und in deinem Ordner oder in deiner Lernschatzkiste sammeln.

Viel Erfolg beim Lernen!

Diese Zeichen begleiten dich durch das Lernheft.

	hören und lauschen
	Silben klatschen
	Silbenbögen zeichnen
	verbinden
	einkreisen
	schreiben
	schneiden und kleben
	Profiseite
!	Lernbeweis

Sie zeigen dir, wie du die Aufgaben bearbeiten sollst.

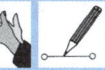

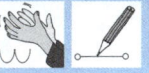

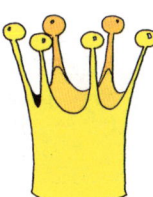

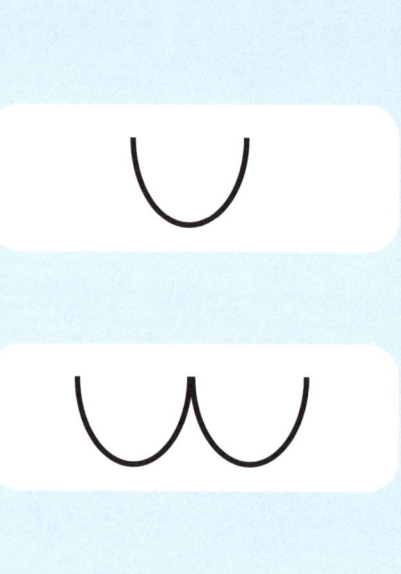

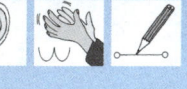

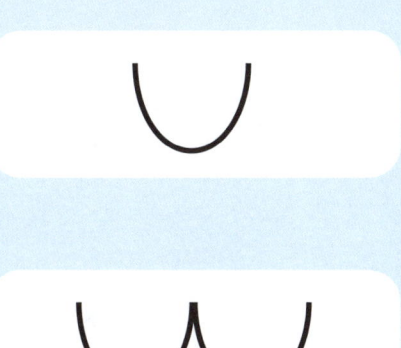

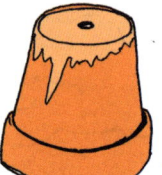

Ich kann Silben zuordnen

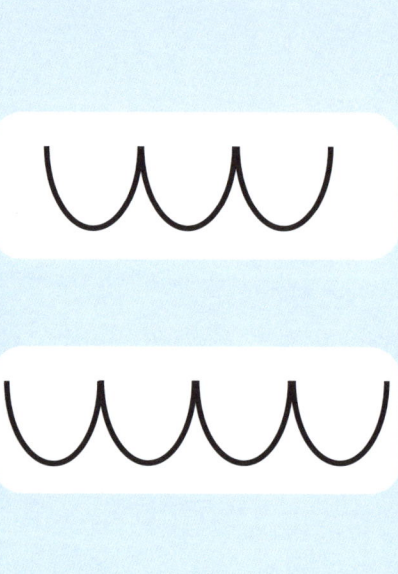

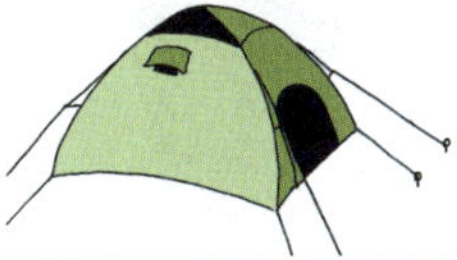

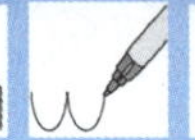

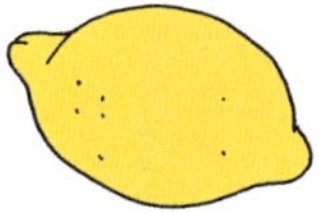

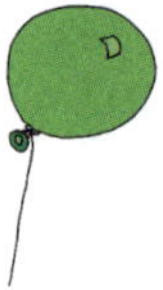

Lernbeweis 1 - Ich kann Silbenbögen zeichnen

   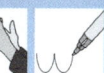

So kann ich es:

Das denkt mein/e Lehrer/in:

_____
Meine Unterschrift

_____
Unterschrift Lehrer/in

Ich kann die gleichen Anfangssilben verbinden und schreiben

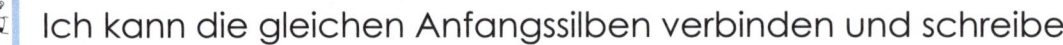

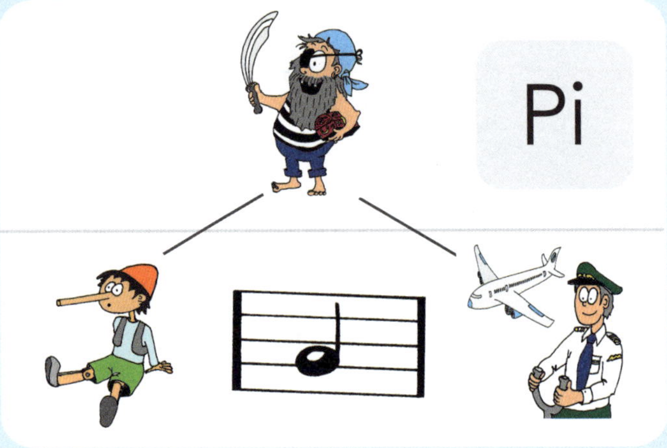

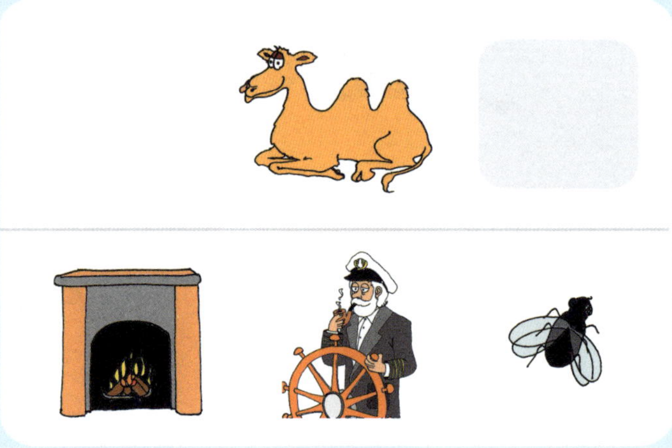

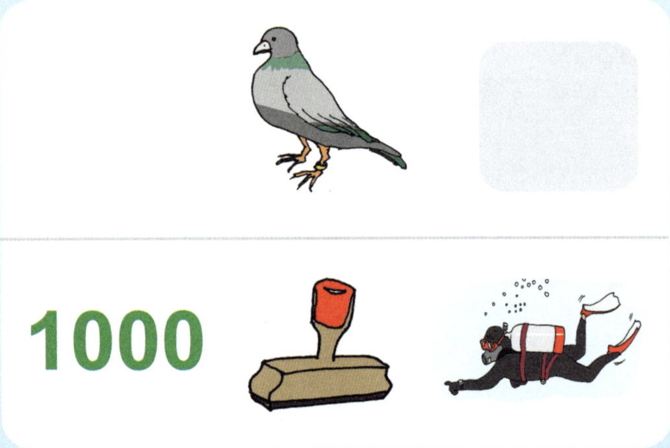

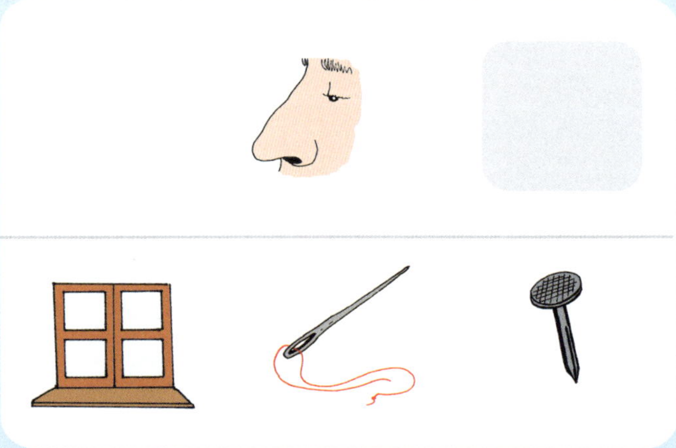

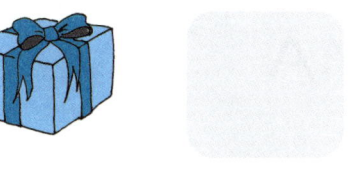

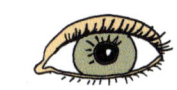

Ich kann gleiche Silben finden

MA	MA MI ME MA ME MU MA
DE	DA DE DI DE DO DE DA
GI	GA GI GE GU GI GO GU
SO	SA SU SE SO SE SO SO
WU	WA WU WE WU WU WI WA

Ma	Ma Mi Me Ma Me Mu Ma
De	Da De Di De Do De Da
Gi	Ga Gi Ge Gu Gi Go Gu
So	Sa Su Se So Se So So
Wu	Wa Wu We Wu Wu Wi Wa

24 Ich kann die erste Silbe zuordnen

Ra
Mi
Do

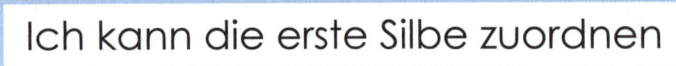

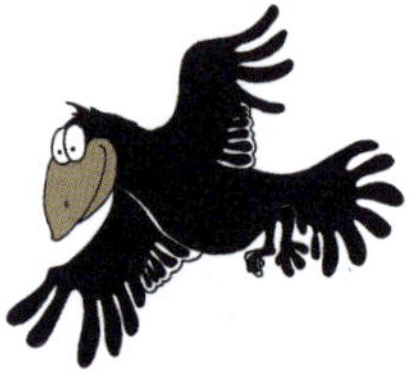

Ra
Fi
Ho

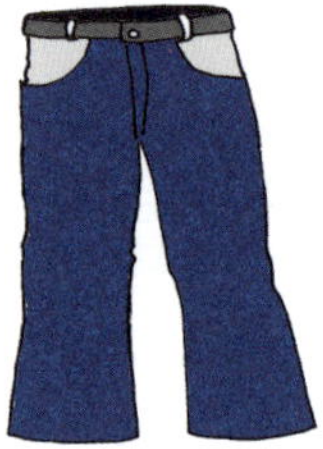

Pa
Di
Mi

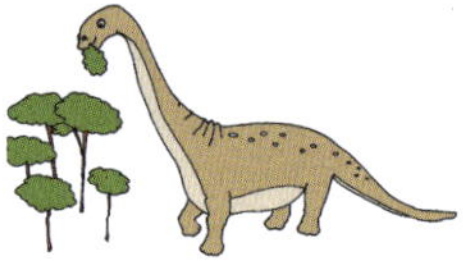

Ta
Ri
Ko

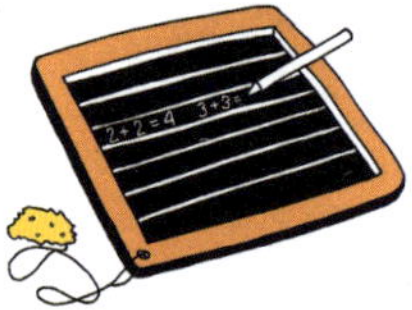

No
Ka
To

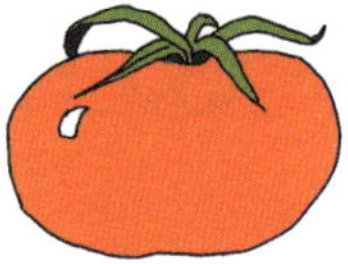

Wu
Be
Ma

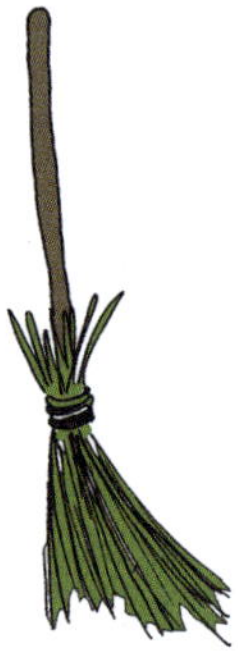

Ta	Ra	Ra
Ri	Ti	Fi
Do	Bo	Lo
Sa	Wa	Ra
Hi	Ri	Pi
Ro	So	Go

Ti

Te

To

Ga

Gu

Go

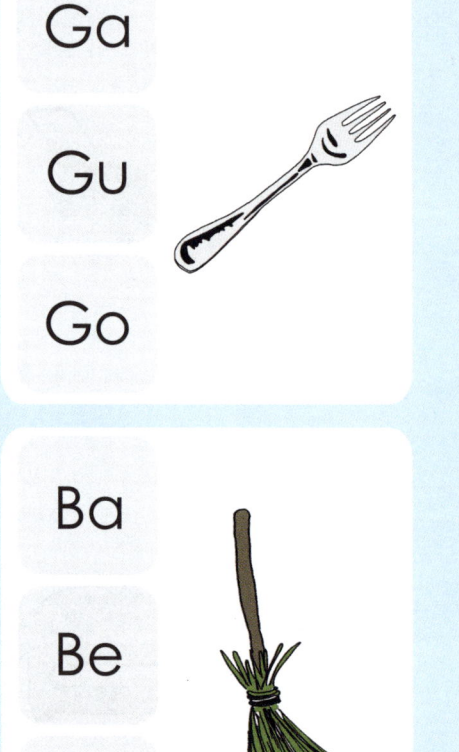

Na

Ni

No

Ra

Ri

Ro

Ba

Be

Bl

Ne

Na

Nu

Na

Ne

Ni

Ta

Tu

To

Na

Ni

No

Pa

Pi

Po

Ka

Ki

Ke

Ra

Re

Ri

Lernbeweis 2 - Ich kann die erste Silbe zuordnen

Su	Sa	Se
Ri	Ra	Re
Zi	Za	Ze
Ve	Vo	Va
So	Su	Sa
Pa	Pi	Pu
Ma	Mo	Mi
Ba	Bi	Bo

So kann ich es:

Das denkt mein/e Lehrer/in:

_____
Meine Unterschrift

_____
Unterschrift Lehrer/in

H D I K C L

K U B T X R

Z W F E S K

G (A) P D O N M

H R G S T K

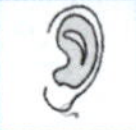

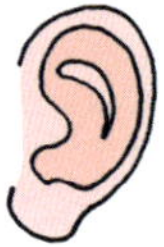

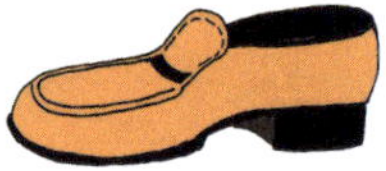

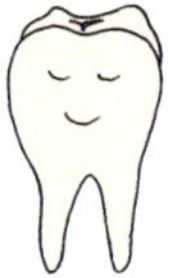

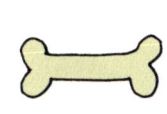

Ich kann Vokale in Silbenbögen schreiben

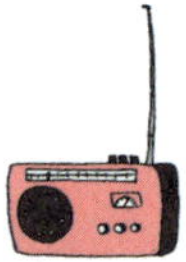

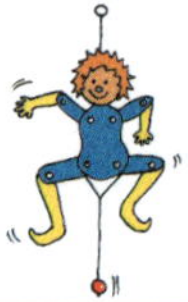

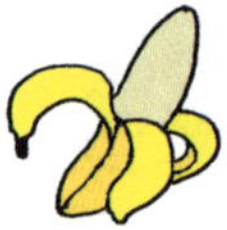

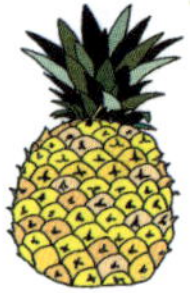

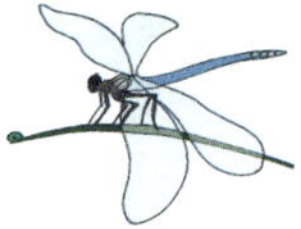

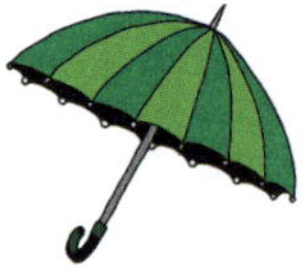

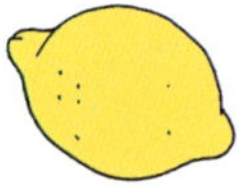

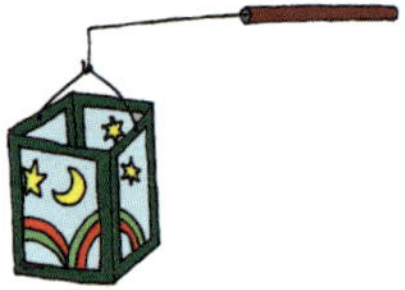

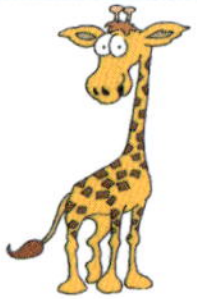

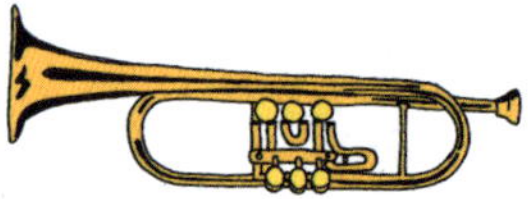

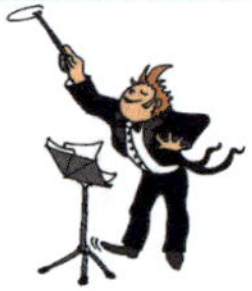

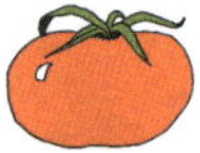

Tisch i	Pirat i a	Hand
Pizza	Wolke	Note
Kran	Brot	Flasche
Zelt	Nagel	Hut

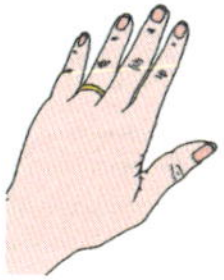

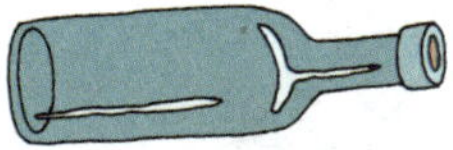

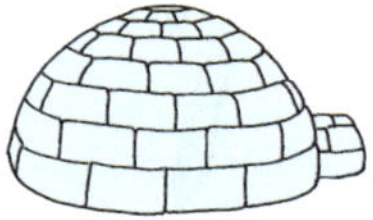

Ich kann Vokale in Silbenbögen schreiben

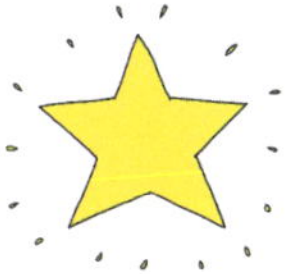

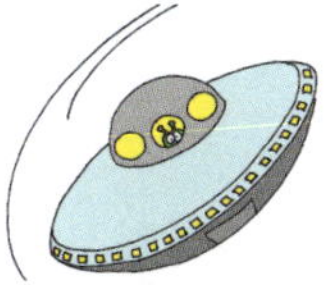

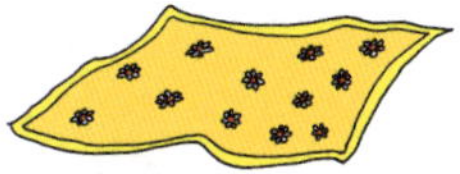

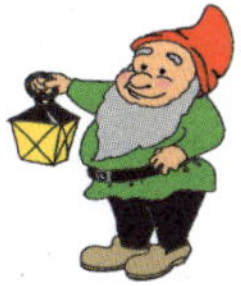

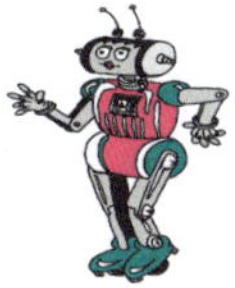

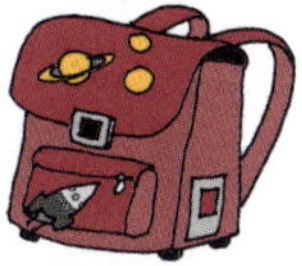

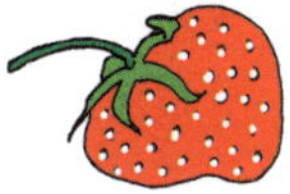

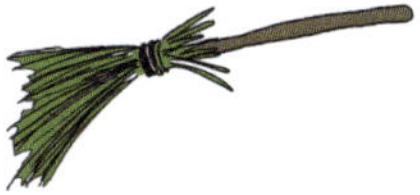

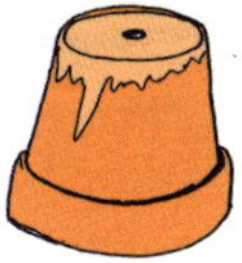

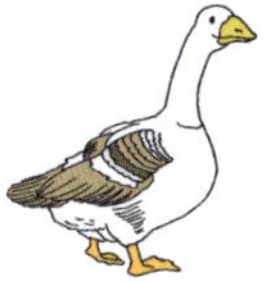

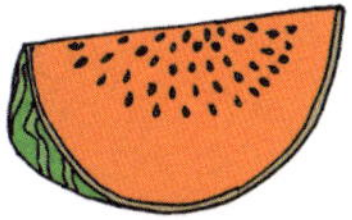

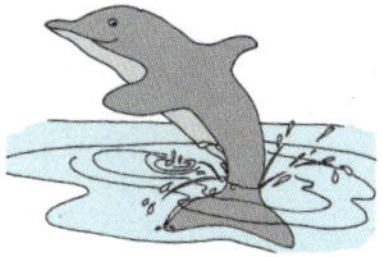

So kann ich es: 😊 😐 ☹️

Das denkt mein/e Lehrer/in: 😊 😐 ☹️

_____
Meine Unterschrift

_____
Unterschrift Lehrer/in

	a	e	i	o	u
M	Ma				
R			Ri		
S					Su

	a	e	i	o	u
N	Na				
F					
L					

	a	e	i	o	u
B	Ba				
D					
G					

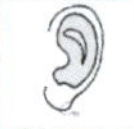

To			Ra		
Ta	⌣⌣ fel		Ba	⌣⌣ be	

Fe			Tu		
Fa	⌣⌣ der		Lu	⌣⌣ pe	

So			De		
Sa	⌣⌣ fa		Be	⌣⌣ sen	

Ka			Pal		
Ko	⌣⌣ mel		Kal	⌣⌣ me	

Ho			Pa		
So	se		Pi	rat	

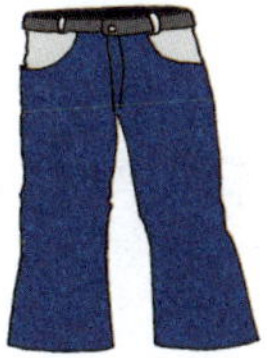

Ha			Nu		
Pa	se		Na	gel	

La			Ro		
Ta	sche		Re	se	

Ku			Eu		
Du	sche		Au	le	

 ke

 pe te

Stem

Ra

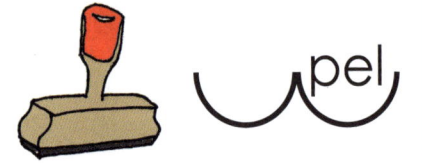 pel

 na ne

Lö

Trom

 we

 di o

Kä

Me

Wol

 fig

 lo ne

Ba

 fel

 te

 sel

 del

No

Teu

Na

E

 pa gei

 ter ne

 bo ter

 da bär

La

Pa

Pan

Ro

So kann ich es:

Das denkt mein/e Lehrer/in:

_____
Meine Unterschrift

_____
Unterschrift Lehrer/in

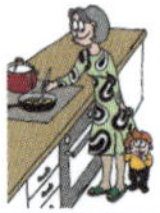

Ma	fo			
U	ma			
Na	se			Mama
Ra	fa			
Au	be			
So	ge			

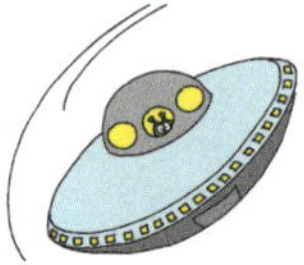

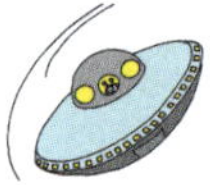

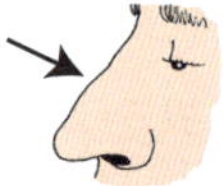

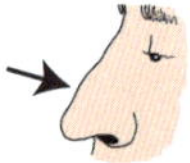

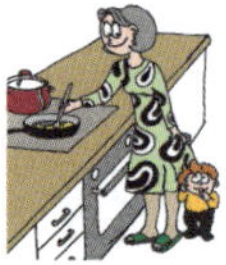

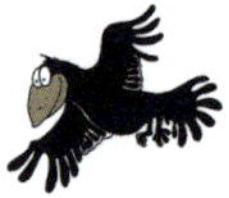

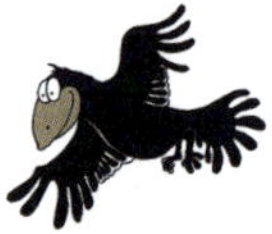

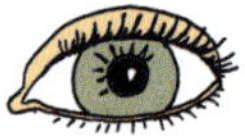

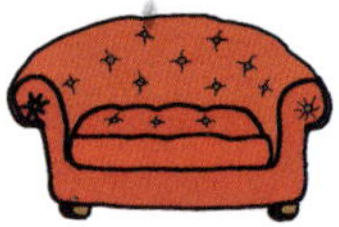

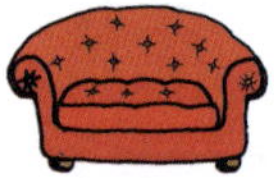

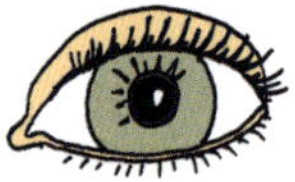

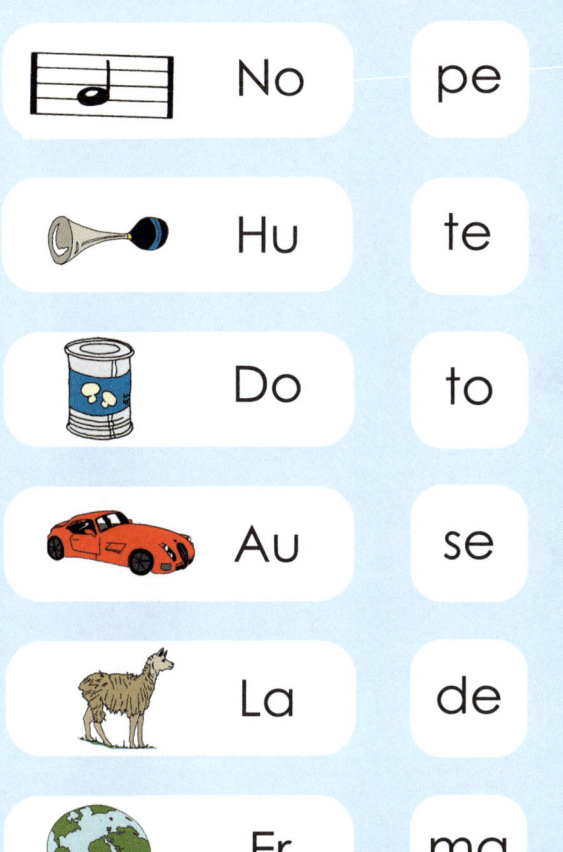 No | pe

Hu | te

Do | to

Au | se

La | de

Er | ma

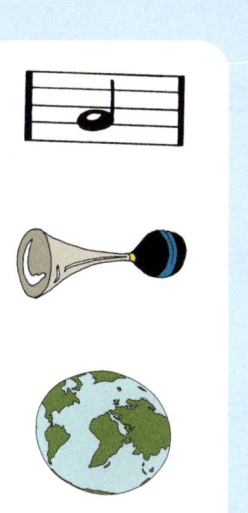

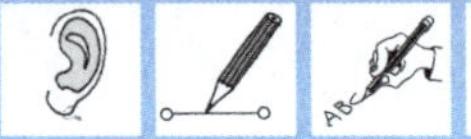

Ich kann aus Silben ein Wort schreiben

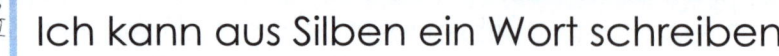

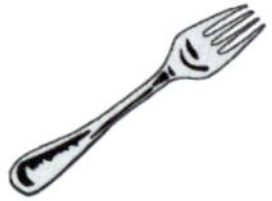	Ga	fel	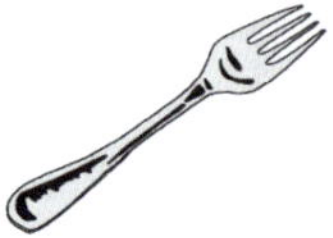	
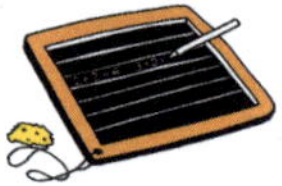	Ta	bel	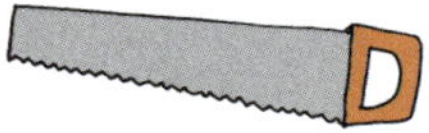	
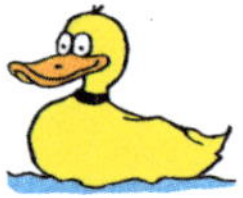	En	ker	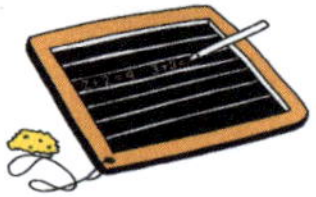	
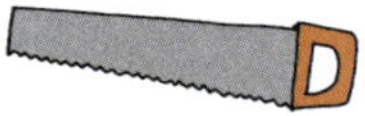	Sä	te	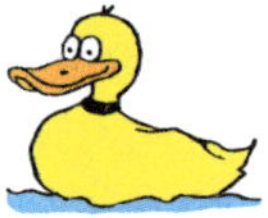	
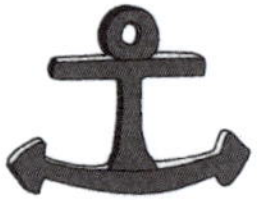	An	sel	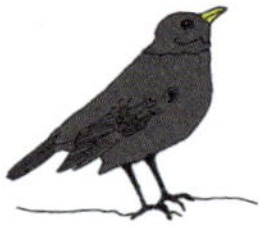	
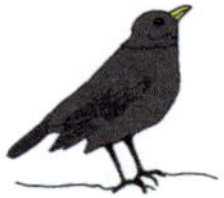	Am	ge	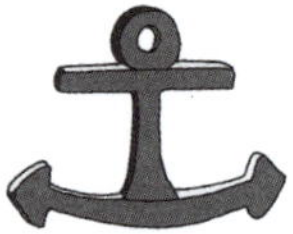	

To

te  ma

Tomate

se

A  mei

fant

E  le

te

ke  Ra

Ich kann aus Silben ein Wort schreiben

o

Ra

di

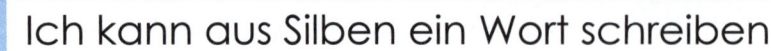

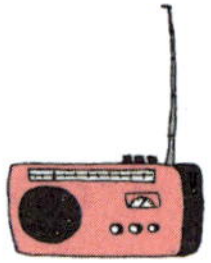

Pin

in

gu

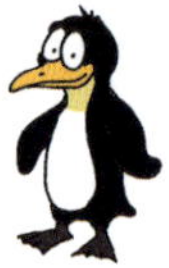

A

nas

na

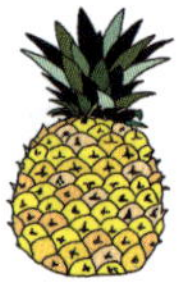

ei

sen

Huf

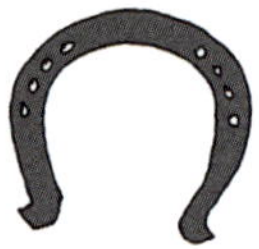

Bi | ber

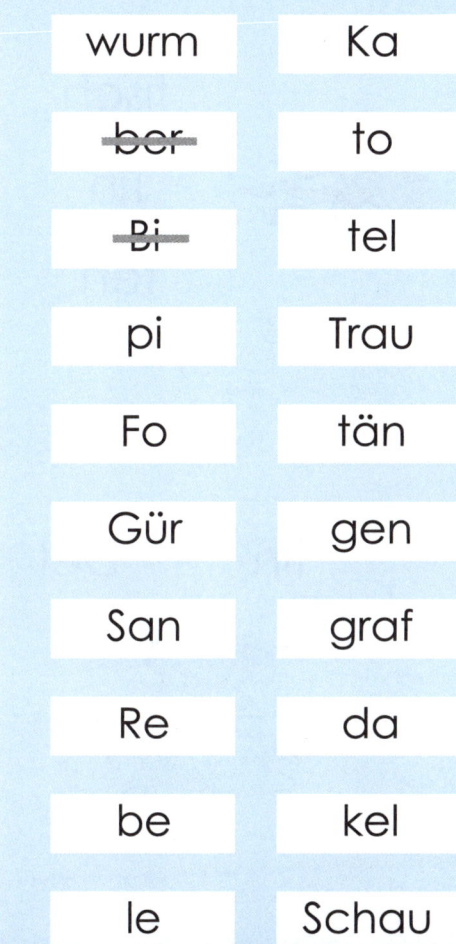

wurm	Ka
~~ber~~	to
~~Bi~~	tel
pi	Trau
Fo	tän
Gür	gen
San	graf
Re	da
be	kel
le	Schau

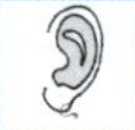 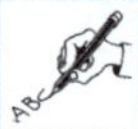

Ich kann aus Silben ein Wort schreiben

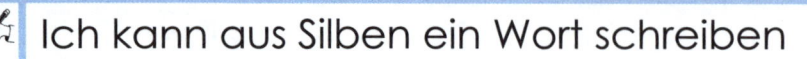

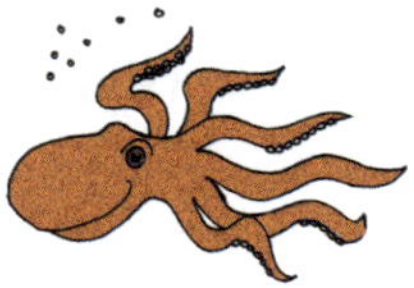

fisch

Tin

ten

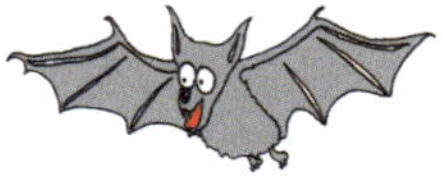

der

maus

Fle

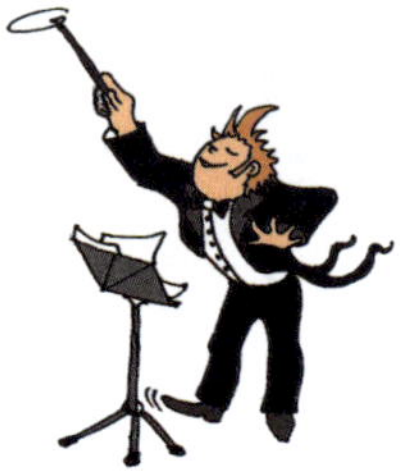

Di

gent

ri

fin Del Po ge Gei kal

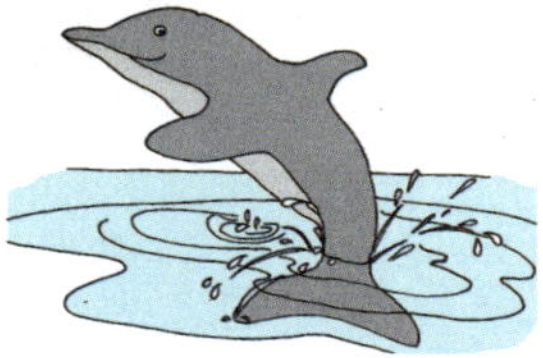

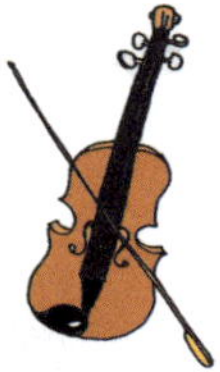

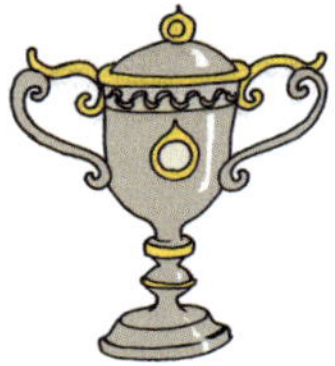

		1. Silbe	2. Silbe

Zirkus

 · Man · tel

Mantel

Würfel

Ampel

Palme

Jäger

			1. Silbe	2. Silbe
Feder				
Flügel				
Ofen				
Kreide				
Eimer				
Nadel				

			1. Silbe	2. Silbe
Leiter				
Faden				
Birne				
Blume				
Regen				
Igel				

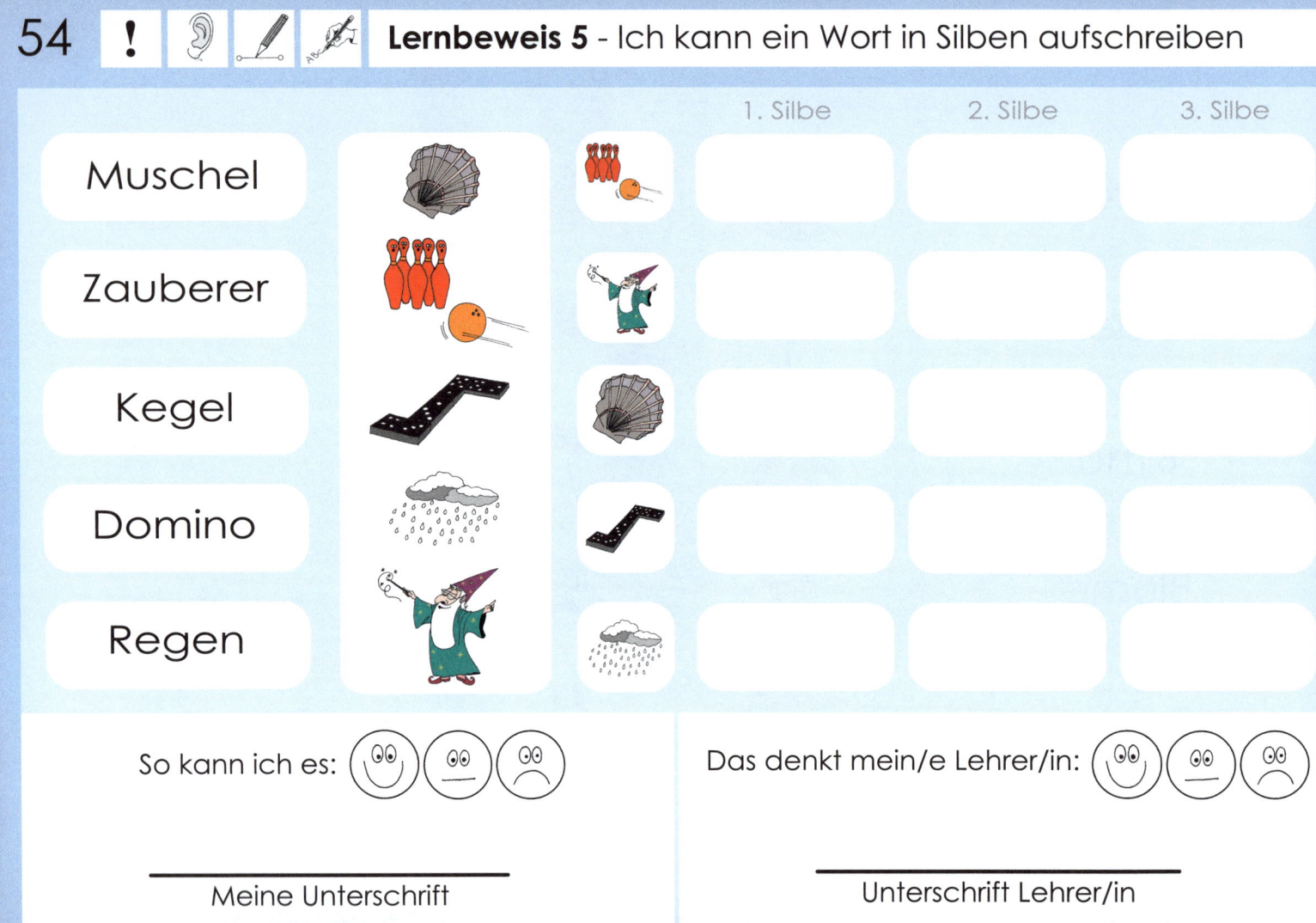

		1. Silbe	2. Silbe	3. Silbe
Muschel				
Zauberer				
Kegel				
Domino				
Regen				

So kann ich es:

Meine Unterschrift

Das denkt mein/e Lehrer/in:

Unterschrift Lehrer/in

Urkunde

für

_____

„Ich kann Silben erkennen, lesen und schreiben"

Herzlichen Glückwunsch!

Unterschrift Lehrer/in _____